LA
PROSPÉRITÉ
RÉPUBLICAINE

PAR

Eugène ROUX

Rédacteur en chef de *l'Echo de la Dordogne.*

PÉRIGUEUX

IMPRIMERIE DUPONT ET Cie, RUE TAILLEFER.

—

1881

LA PROSPÉRITÉ

RÉPUBLICAINE

——

Une des promesses les plus réitérées et les plus solennelles que la défunte chambre des députés et le gouvernement actuel nous aient faites, c'est celle de la prospérité.

Elle est même, par ordre de date, la première que le pays ait recueillie. Après le 16 mai, quand les républicains reprirent possession du pouvoir, de ce pouvoir chéri dont la perte momentanée les avait si violemment surexcités, nous lûmes, apposée sur tous nos murs, cette déclaration officielle :

La fin de cette crise sera le point de départ d'une « nouvelle ère de prospérité. »

Voilà la promesse. A-t-elle été tenue ? Examinons.

***

Dans les quatre années qui viennent de s'écouler, l'état de stagnation et de malaise où végète notre industrie, loin de cesser, n'a fait partout qu'empirer. Des grèves nombreuses, en éclatant, à plusieurs reprises, sur divers points du territoire, ont mis à nu cette situation, profondément alarmante au double point de vue de la production nationale et du bien-être des classes ouvrières.

Tout le monde sait, d'autre part, combien notre commerce intérieur est languissant. Quant à notre commerce avec l'étranger, les statistiques officielles publiées chaque mois nous offrent à constater un fait douloureux. Autrefois nous nous enrichissions, parce que nous vendions plus que nous n'achetions ; aujourd'hui le chiffre de nos ventes est de beaucoup inférieur à celui de nos achats.

De 1847 à 1857, les exportations, en France, ont dépassé les importations de 1 milliard 467 millions, et, dans la période décennale suivante, de 2 milliards 195 millions ; soit, en 20 ans, 3 milliards 562 millions qui, versés dans nos caisses par les pays étrangers, ont augmenté d'autant notre épargne nationale.

Depuis 1870, le contraire a eu lieu. Les puissances avec lesquelles nous faisons des échanges ont reçu de nous près de **deux milliards** de plus qu'elles ne nous en ont versé. Dans les quatre dernières années notamment, nos importations sont toujours allées en augmentant, et nos exportations en diminuant.

Mais, quelles que soient, chez nous, les souffrances de l'industrie et du commerce, elles y sont moindres encore que celles de l'agriculture. Assurément nous ne songeons pas à rendre la République responsable de l'intempérie des saisons ni des ravages du phylloxéra. Il faut bien reconnaître cependant que si, dans nos campagnes, la misère va toujours progressant, il y a beaucoup de la faute des hommes qui nous gouvernent.

Eh quoi ! le cultivateur a vu s'abattre sur ses

récoltes des fléaux exceptionnels ; il a vu diminuer, dans des proportions considérables, toutes les ressources de son travail. Que devait faire la République ? Venir en aide à nos populations rurales en réduisant les charges si lourdes dont sont grevées leurs propriétés. Elle devait, avant tout, pour cela, modérer elle-même ses dépenses, les restreindre le plus possible, essayer enfin de réaliser CE GOUVERNEMENT A BON MARCHÉ, qui est aussi l'une des espérances dont jadis elle nous a le plus bercés.

Eh bien ! elle a fait exactement le contraire. Elle a jeté l'argent à profusion et grossi démesurément de cette façon le budget de l'Etat. Voyez plutôt :

Le dernier budget de l'Empire, celui de 1869, s'est élevé à la somme de un milliard 840 millions 563 mille 831 francs 22 centimes, ainsi que cela résulte de la loi du 27 décembre 1875 qui en a porté règlement définitif.

Le budget de 1882, voté par la dernière Chambre des députés avant sa séparation, a été arrêté à la somme de 2,818,662,033. Encore ne parlons-nous que du budget ordinaire alimenté par les impôts. Le budget sur ressources extraordinaires, le budget sur ressources spéciales et les budgets annexes élèvent ce chiffre à 3,854,484,807.

Ainsi, budget de 1882 2,818,662,933
Budget de 1869 1,840,563,831
Différence 978,099,102

Le budget de 1882 dépasse donc d'**un milliard,** en chiffres ronds, le budget de 1869.

Il est juste, il est vrai, de tenir compte des dépenses motivées par la guerre de 1870 et par la Commune. M. Thiers les évaluait à 450 millions. Défalcation faite de ce chiffre, il reste encore **550 millions** d'augmentations opérées par la République en dix années, soit 55 millions par année. En 1882, l'augmentation, par rapport à 1881, est exactement de 55 millions 262 mille 510 francs.

Tous nos chiffres sont officiels, et nous mettons les républicains au défi d'en contester l'exactitude.

***

Pour les seuls traitements civils, l'augmentation est, en 1882, comparativement à 1869, de *79* millions, non compris 14 millions et demi pour les pensions de retraite.

Au budget de 1869, en effet, l'ensemble des traitements civils, calculé par la retenue de 5 p. 100, figurait pour 253 millions 528 mille francs. Cette année, la même dépense, calculée de la même manière (avec trois départements de moins) se monte à 331 millions.

Désormais les républicains seraient mal venus à déclamer contre la liste civile des anciens souverains : ils ont leur liste civile, à eux, qu'ils se partagent. Après avoir long-temps réprouvé le développement du fonctionnarisme, voilà qu'ils le favorisent plus qu'aucun régime passé ; les voilà multipliant les sinécures qu'ils dotent grassement ! Ne faut-il pas distribuer des emplois aux agents électoraux et à tous les faméliques du parti ?

*
* *

On n'a pas, du reste, à gaspiller que les seules ressources de l'impôt ; le budget extraordinaire, alimenté par l'emprunt, n'est-il pas là ? Depuis 1875, la République a emprunté soit à la Banque, soit en obligations sexennaires, soit en rente amortissable, **3 milliards 382 millions**. Elle empruntera **huit milliards** encore d'ici à cinq ou six ans.

De tels chiffres nous donnent beaucoup à penser, surtout quand nous nous rappelons l'énormité de la dette française, dont le capital se monte à **27 milliards**, non compris les dettes communales et départementales qui forment un total environ de 5 milliards. Les intérêts qu'exige la dette française se chiffrent par près de 1,300 millions. Il n'y eut jamais, pour une nation, une situation financière plus obérée.

C'est à quoi la République ne paraît pas songer. Elle se montre d'une prodigalité dont il est grand temps que les électeurs, qui tous ou presque tous sont en même temps contribuables, se décident à arrêter les frais.

Pour tâcher de donner le change au pays, les républicains se plaisent à faire passer sous ses yeux le tableau des excédants de recettes produits par les contributions indirectes, excédants qu'ils présentent comme un signe de prospérité.

Il ne faut y voir, selon nous, que la preuve, d'abord des qualités industrieuses, actives, laborieuses du peuple français, et, de plus, de l'heureux perfectionnement apporté par l'Assemblée nationale de 1871 dans les procédés fiscaux. Ces procédés laissent aujourd'hui peu de place à la fraude. Le Trésor obtient par là d'énormes rentrées de fonds dont jadis il était frustré.

C'est, d'ailleurs, sur les recettes des douanes et sur les droits d'enregistrement, que portent les principales plus-values ; or, en ce qui concerne les douanes, nous avons établi plus haut que nos importations sont de beaucoup supérieures à nos exportations, et personne ne saurait, évidemment, considérer comme un indice de notre prospérité les achats considérables que nous sommes forcés de faire à l'étranger, par exemple, en céréales et en vins. Quant à l'enregistrement, c'est l'obligation de déclarer les baux qui est devenue pour le Trésor la plus abondante source de revenus. Donc, rien, non plus, de significatif là dedans au point de vue de la prospérité.

Ajoutons que si les impôts indirects, perçus surtout, comme on sait, dans les villes, donnent de si favorables résultats, il y a cette conclusion à en tirer : qu'ils ne sont pas aussi excessifs, aussi onéreux, que le prétendent généralement les radicaux ; car ceux-ci ne cessent de demander qu'on les allège ou même qu'on les supprime, pour grever d'autant l'impôt direct, dont les campagnes supportent presque tout le poids.

*
* *

Une autre conséquence encore est à dégager de l'existence des plus-values. Le contribuable n'est, en bonne justice, tenu qu'aux charges rigoureusement nécessaires. Or, si les rentrées ont sur certains articles dépassé les prévisions du parlement, c'est qu'on avait à cet égard exigé du pays plus qu'il ne devait. Les excédants doivent donc lui être entièrement restitués. Il y a un droit absolu : ils sont sa propriété.

Ce n'est pourtant pas ainsi que l'ont entendu, jusqu'à présent, le gouvernement et la majorité républicaine. Ils ont bien opéré quelques dégrèvements, mais pour une somme très-inférieure à celle des plus-values, dont la plus grosse part a été dévorée par des crédits supplémentaires destinés à satisfaire le plus souvent des intérêts électoraux.

Cette année, M. Rouvier, dans le rapport fait au nom de la commission du budget, avait peut-être, en forçant un peu le chiffre, fixé à 285 millions 933 mille 204 francs les dégrèvements effectués depuis quatre ans, mais il y avait compris le dégrèvement sur le papier que la chambre, finalement, n'a pas voté : ce sont 16 millions à retrancher. Reste 269 millions, soit en moyenne 67 par année. Or, c'est par centaines de millions que, tous les ans, se sont chiffrées les plus-values.

La chambre a donc sur ce point lésé les contribuables.

*
* *

Et, cependant, que de taxes dont l'abolition ou tout au moins la réduction était et reste extrêmement urgente ! Comme il importerait, par exemple, de dégrever l'impôt foncier !

La propriété rurale est accablée. Veut-on savoir tout ce qu'elle paie ? Qu'on lise cet extrait du discours prononcé par un honorable député de la droite, M. Gaudin, dans la séance de la chambre du 16 juin 1881 :

Quelle est donc, messieurs, la part effectivement supportée par l'agriculture? La voici :

Principal et centimes additionnels....	264,480,000ᶠ
Portes et fenêtres.................	42,423,000
Contribution personnelle et mobilière.	44,236,000
Enregistrement et timbre...........	282,369,000
Taxe des biens de main-morte......	3,934,000
TOTAL.................	637,442,000ᶠ
Plus la prestation en nature.........	57,000,000
TOTAL GÉNÉRAL...........	691,442,000ᶠ

Et ce n'est pas tout, car le cultivateur paye en sus sa part des contributions indirectes.

Par conséquent, en dehors de cette part énorme des contributions directes, elle paye sa part de tous les impôts indirects, et j'ajouterai, avec ceux de mes collègues qui sont promoteurs des idées libres-échangistes, qu'elle supporte encore une prime que, suivant eux, rien ne justifie, accordée aux autres industries par les droits de douanes, qu'on a refusé de mettre sur les produits agricoles de provenance étrangère.

Au bas mot, on peut évaluer à **1,200** millions les prélèvements de toute nature que le malheureux agriculteur est obligé d'opérer, en faveur de l'Etat, sur le produit de son labeur si ingrat.

***

Oui, 1,200 millions ! Telle est **sa dîme** d'aujourd'hui !

Et c'est quand il plie sous ce poids écrasant et quand, d'autre part, il est aux prises avec des calamités de toute espèce, c'est alors qu'un ministre, M. Barthélemy Saint-Hilaire, est venu, dans un discours prononcé au concours régional de Versailles, lui signifier que l'Etat ne peut rien pour lui !

Quoi ! lorsque l'Etat trouve des millions et des millions à jeter dans le gouffre encore insondable ouvert par l'aventure tunisienne ; lorsqu'il a des fonds (et il lui en faut beaucoup pour payer tant de lampions allumés partout en l'honneur du 14 juillet ; lorsqu'il est en état, ainsi que l'annonçait fièrement, il y a peu de jours, M. Jules Ferry, de consacrer 22 millions pour rebâtir la Sorbonne, dont la reconstruction aurait pu facilement attendre quelques années encore... Quoi, lorsqu'il sème notre argent avec la prodigieuse facilité que l'on sait, il serait vrai qu'il n'a pas une obole à mettre à la disposition de nos cultivateurs ! Il serait vrai qu'il y a pour lui impossibilité d'alléger d'une quarantaine de millions la lourde charge qu'ils supportent !

Plusieurs catégories de contribuables, auxquels on avait dû, à la suite de la guerre de 1870, imposer un surcroît de charges, ont été successivement allégées : on n'a rien fait pour les cultivateurs. Pourquoi? Ils ont participé pourtant dans la plus large mesure à la contribution de guerre. Le 6 mars 1874, notre éminent et regretté compatriote M. Magne, alors ministre des finances, a pu dire avec raison à l'assemblée nationale : « Si l'on fait bien le compte, on reconnaît que la propriété, directement ou par ses produits, a supporté environ *les deux tiers* des nouvelles charges. »

Il y avait un million à peine de patentés : la chambre a jugé d'intérêt général de les dégrever. N'est-il donc pas d'intérêt plus général encore de dégrever les agriculteurs, qui sont autrement nombreux?

***

La chambre aurait donc fait œuvre de justice en dégrevant l'impôt foncier : elle ne l'a pas voulu.

Dès 1880, le 3 juillet, la proposition lui fut faite de réduire de 35 pour cent le principal de cet impôt payé par la propriété non bâtie. La chambre repoussa cette réduction. TOUS LES DÉPUTÉS CONSERVATEURS DE LA DORDOGNE VOTÈRENT POUR. **MM. Chavoix et Garrigat votèrent contre. M. Roger s'abstint.**

Cette année, le 11 juillet, la proposition a été reprise, un peu modifiée. Elle n'a pas obtenu un meilleur sort. Sauf M. Thirion-Montauban, qui était absent, TOUS LES DÉPUTÉS CONSERVATEURS DE LA DORDOGNE ONT VOTÉ POUR. **MM. Chavoix et Garrigat ont persisté à voter contre. M. Roger a continué de s'abstenir.**

Nous appelons sur ces votes de la majorité républicaine et de ses trois représentants dans la Dordogne toute l'attention des électeurs de la campagne : candidats aujourd'hui, ces messieurs iront les voir, la bouche enfarinée ; ils ne leur épargneront pas les belles promesses pour l'avenir. Mais les cultivateurs, se souvenant du passé, sauront ne pas se laisser prendre à leurs hypocrites cajoleries.

Quant aux autres candidats républicains de la Dordogne, s'ils avaient fait partie, le 3 juillet 1880 et le 11 juillet 1881, de la chambre des députés, ils auraient exactement voté, qu'on en soit sûr, comme MM. Chavoix et Garrigat, ou comme M. Roger, et comme toute la gauche.

Aussi, l'un deux, M. Escande, aura beau chercher à se poser, pour son intérêt électoral, en apôtre du dégrèvement de l'impôt foncier ; il aura beau écrire des articles et publier des brochures en faveur de cette cause : qu'il le veuille ou non, il est solidaire de son parti, et pas plus que ses coreligionnaires il n'échappera, devant le corps électoral, à la responsabilité qui revient à la République dans le refus de diminution de la taille

*
* *

Si le fardeau de l'impôt foncier est trop lourd pour les agriculteurs en général, il l'est plus particulièrement pour ceux du Périgord.

Il règne, en effet, une grande inégalité dans la répartition de la taille entre les départements. Les uns paient 6 et même 6,50 pour cent de leurs revenus ; d'autres 4 pour cent seulement. Prenez, par exemple, dans le Tarn-et-Garonne, une propriété rapportant 2,000 francs par an, et prenez dans la Meurthe une autre propriété d'un produit exactement pareil ; si la première paie 400 fr. de cote foncière, la seconde n'en paiera que 230 environ.

La moyenne de l'impôt établi sur la terre est de 4,24 pour cent ; mais cette moyenne est dépassée dans 48 départements, au nombre desquels figure la Dordogne. Elle s'élève chez nous à 5,33.

On conçoit l'intérêt qu'ont nos agriculteurs à la fixation d'une même base, d'un même prorata pour la répartition de la taille entre tous les départements, ou, pour nous servir de l'expression technique, à la *péréquation* de l'impôt foncier. Aussi, dans le cours de la dernière session législative, les cinq députés conservateurs de la Dordogne, MM. Lanauve, Maréchal, Sarlande, Taillefer et Thirion-Montauban, ont-ils, avec quelques-uns de leurs collègues d'autres départements, présenté dans ce sens un amendement au budget. Ils ont proposé de diminuer de quarante millions la contribution directe sur les propriétés rurales non bâties, « en affectant ce dégrèvement à niveler les contingents de l'impôt foncier entre les divers départements. »

La première partie de leur proposition ayant été, comme on l'a vu, rejetée par la majorité républicaine, MM. Chavoix et Garrigat compris, il n'y a pas eu lieu de mettre en discussion la seconde partie. Nous n'en devons pas moins des félicitations et des remerciements à nos députés conservateurs pour leur initiative qui, si elle avait abouti, aurait eu comme résultat, d'après un calcul officiel, une réduction de près de 500,000 francs dans le contingent de la Dordogne. Notre département, en effet, au lieu de payer, comme aujourd'hui, 2,210,934 fr., n'aurait eu désormais à payer que 1,753,163 francs.

Etant donnée l'importance qu'aurait, on vient de le voir, pour les agriculteurs du Périgord le rétablissement de l'égalité entre les départements au point de vue de la répartition de la taille, on ne sera peut-être pas médiocrement étonné d'apprendre que, le 1er août 1879, un projet de loi, qui portait ouverture d'un crédit destiné à préparer cette réforme, ayant été présenté à la chambre des députés, il s'est trouvé un représentant de la Dordogne pour voter **contre** ; il s'agit, cela va presque sans dire, d'un représentant républicain, qui est M. Chavoix.

*
* *

Nous aimerions à pouvoir, dans cette circonstance, invoquer à son bénéfice l'excuse évangélique, et dire aux électeurs : « Pardonnez-lui, car il n'a pas su ce qu'il faisait ! » Mais, après avoir jeté les yeux sur le tableau de tous ses votes intéressant l'agriculture, on se demande si chez lui, aussi bien d'ailleurs que chez ses deux collègues républicains de la Dordogne, ce n'est pas un système de repousser toute mesure qui profiterait à cette grande branche de notre production nationale.

Le 27 février 1879, il avait été présenté une proposition relative aux secours à accorder aux propriétaires dont les vignes sont ravagées par le phylloxéra. Elle fut rejetée par la Chambre *avec le concours de M. Chavoix.*

Le 21 février 1878, un député demanda qu'on élevât de 50,000 francs le chiffre des subventions aux comices agricoles. La Chambre s'y refusa, toujours *avec le concours de M. Chavoix,* et en outre, cette fois, de *M. Garrigat.*

Le 18 juin 1880, ce fut au tour de *M. Rog*

de contribuer, avec l'appoint de sa voix, à faire repousser une nouvelle demande d'augmentation des subventions pour les comices agricoles.

Le 8 mars 1881, M. des Rotours sollicita et, plus heureux que les auteurs des propositions précédentes, obtint de la Chambre une certaine élévation du chiffre de l'indemnité allouée aux propriétaires des animaux morts de la peste bovine ou par suite de l'inoculation de la péripneumonie contagieuse. *M. Chavoix vota contre. M. Roger s'abstint.*

Notons encore le vote émis, le 19 juin 1880, par MM. Chavoix et Garrigat contre tout encouragement à l'industrie chevaline, et le vote plus criant de MM. Garrigat et Roger contre une proposition, adoptée du reste par la Chambre le 13 décembre 1880, proposition tendant à mettre dans le budget, à la disposition du ministre de l'intérieur, une somme de 300,000 francs pour être distribuée aux familles nécessiteuses des soldats de la réserve et de l'armée territoriale.

Dans toutes les occasions que nous venons d'énumérer, les cinq députés conservateurs de la

Dordogne ont unanimement soutenu de leur vote les intérêts de l'agriculture.

Habitants des campagnes, vous vous en souviendrez, le 21 août, comme vous vous souviendrez que les républicains, qui vous refusent tout, à vous, se livrent, pour d'autres, et à vos dépens, à des prodigalités inouïes !

Vous vous souviendrez que, non contents de gaspiller votre épargne, non contents de vous prendre, en ce moment même, le sang de vos fils pour combattre une insurrection générale provoquée dans l'Algérie par la folle expédition tunisienne, ils veulent vous ravir aussi votre autorité de pères de famille. Si la loi sur l'obligation de l'instruction primaire, votée par la majorité républicaine et notamment par MM. Chavoix, Garrigat et Roger, obtient la sanction définitive du sénat, vous n'aurez pas, même à l'époque de vos plus grands travaux, pour lesquels il vous est souvent indispensable de les utiliser, vous n'aurez pas la liberté de retenir un seul jour à la maison vos enfants en âge de fréquenter l'école. Leur absence de la classe entraînerait, en effet, pour vous l'amende et quelquefois la prison.

Vous vous souviendrez que les républicains ne vous ont jamais témoigné que du dédain, et qu'un jour, voulant jeter à la face d'une grande assemblée, votre élue, quelque outrage bien sanglant, ils n'ont rien trouvé de mieux que ce mot : assemblée de ruraux !

Vous vous souviendrez que, parmi leurs candidats de la Dordogne, tel qui vous prodigue aujourd'hui des flatteries et des caresses dont le mobile intéressé ne vous échappe pas, vous a publiquement diffamés de la manière la plus grave, il y a quelques années !

Vous vous souviendrez enfin que les conservateurs ont été vos amis les plus constants et les plus dévoués, et nous en sommes bien convaincus, c'est à leurs candidats que, comme toujours, vous donnerez vos suffrages, le 21 août prochain !

Périgueux. — Imp. Dupont et Cⁱᵉ.

Election à la Chambre des Députés
21 août 1881.

ARRONDISSEMENT DE NONTRON.

CANDIDAT DE L'APPEL AU PEUPLE

A. SARLANDE,

Maire de Cantillac,

DÉPUTÉ.

Périgueux, Dupont et C.

Election à la Chambre des Députés
21 août 1881.

ARRONDISSEMENT DE NONTRON.

CANDIDAT DE L'APPEL AU PEUPLE

A. SARLANDE,

Maire de Cantillac,

DÉPUTÉ.

Périgueux, Dupont et C.